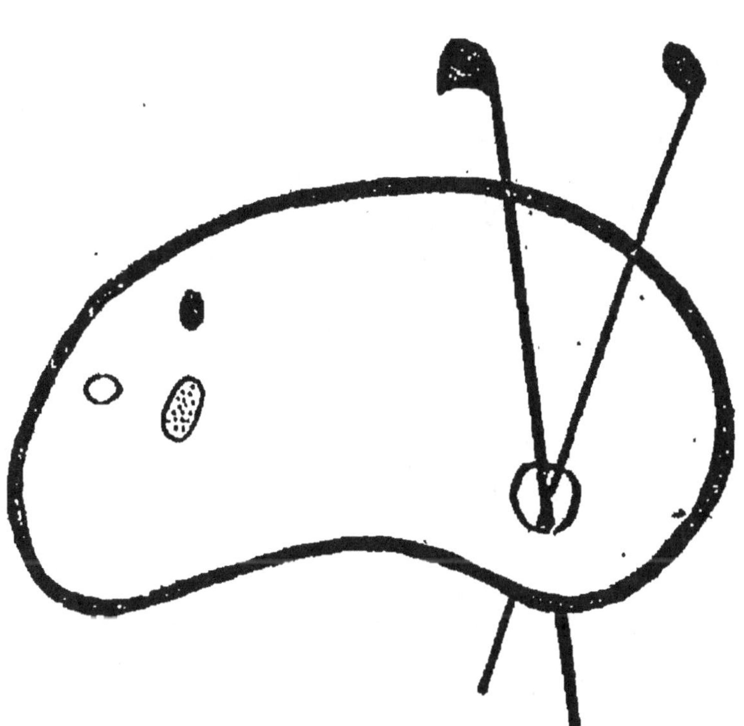

DEBUT D'UNE SERIE DE DOCUMENTS
EN COULEUR

7.ᵉ

Vente après décès de Mᵣ Fontaine

Exposition le 3 Mai 1854
Vente les 4. et 5 le Soir
et 6 à la fin du jour

7

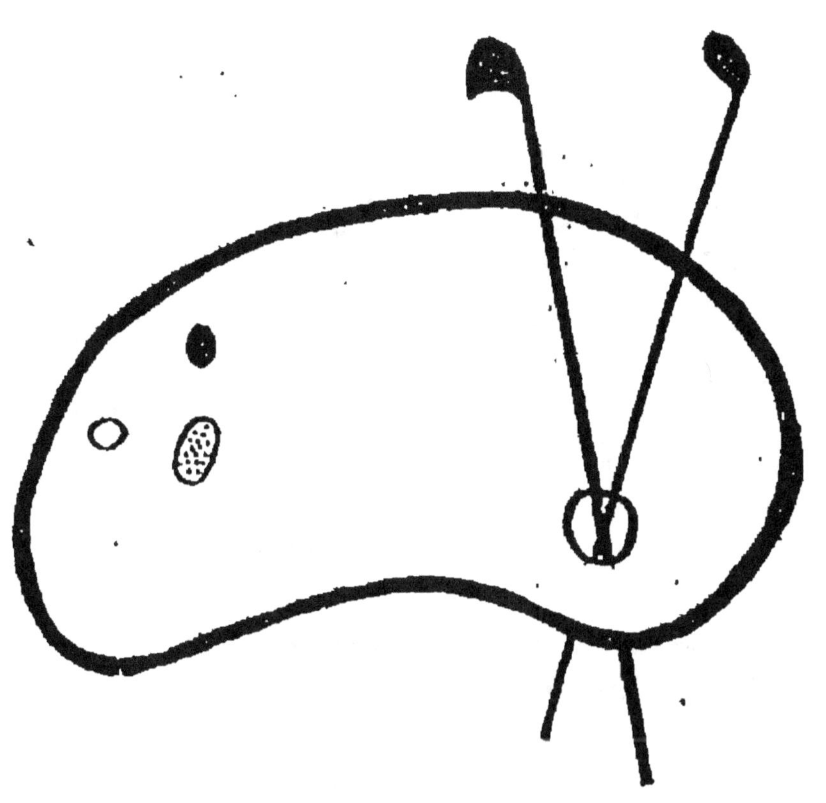

FIN D'UNE SERIE DE DOCUMENTS
EN COULEUR

NOTICE

DE LA PORTION

D'ESTAMPES

ANCIENNES

ET

DESSINS

Faisant partie du fonds de M. FONTAINE,

Marchand d'Estampes,

DONT LA VENTE AUX ENCHÈRES PUBLIQUES AURA LIEU

après décès

HOTEL DES COMMISSAIRES-PRISEURS,

RUE DROUOT, SALLE N. 3,

au premier étage,

LES JEUDI 4, VENDREDI 5 ET SAMEDI 6 MAI 1854,

ET LE SOIR A SEPT HEURES.

Par le ministère de M⁰ **DELBERGUE CORMONT**,

Commissaire-Priseur, rue de Provence, 8,

Assisté de M. **VIGNÈRES**, marchand d'Estampes,

quai de l'École, 30,

Chez lesquels se distribue la présente Notice.

EXPOSITION PUBLIQUE

Le Mercredi 3 Mai 1854, de midi à quatre heures.

PARIS

MAULDE ET RENOU,

IMPRIMEURS DE LA COMPAGNIE DES COMMISSAIRES-PRISEURS,

rue de Rivoli, 144.

1854

On sait que feu M. FONTAINE, Marchand d'Estampes, boulevart Saint-Martin, achetait beaucoup d'Estampes anciennes depuis long-temps et n'en voulait pas vendre. Vu le court espace de temps, il n'a pas été possible de faire de catalogue, et les estampes seront vendues par lots considérables.

On commencera à **sept heures et demie très-précises** du soir.

La vente se fera au comptant, cinq pour cent en sus des enchères applicables aux frais.

Jeudi 4. Mai 1854. soir 1ere Vacation

60	Plans divers traité etc		1 ..
60	pieces dechirés les defectueux		3 75
	{ Rouleau a Mr	2 . 75	
	{ Animaux	3 . 75	
100	pieces diverses		3 25
56	eaux fortes		1 25
	Ornemens de Marquetterie		5 ..
75	Sujets d'Enfans		5 ..
100	pendules		4 75
88	Armoiries		7 ..
27	Ep. Gal. du palais Royal		2 ..
75	vues d'Espagne		1 . 75
100	Divers	Rentré	1 ..
200	Divers		1 25
200	Divers		1 25
2	les hommes se disputent et pendant		1 25
1	danse des Nymphes		2 50
2	apres vous sire et pendant		1 50
25	Ballons		24 ..
120	Portraits		13 50
200	Divers		1 75
262	Copies de Callot		6
18	Costumes Turcs		5 ..
			93 75

			93	75
75	Vues du Caire Egypte		1	75
1	Callot Siège de Breda		1	
100	Ornemens meubles		3	25
70	Animaux divers		6	
50	Bustes Statues Baudet, Mellan		2	
200	Divers		3	25
110	Bois allemands		1	75
100	Portraits		1	50
50	Sujets Religieux		5	..
100	Portraits		2	..
1	Pacheco 4. Livraisons		1	..
200	Paysages		4	25
25	Animaux		4	..
100	Portraits	Vignères	3	50
100	Copies de Rembrandt		8	50
60	pièces en Couleur		10	..
40	pièces en Couleur		8	50
221	Callot originaux		26	
100	ornemens divers		3	
100	Paysages		5	50
100	Portraits		5	..
33	Portraits André Corrège		3	..
100	Ecole Française Dehermant de S.te Félix		2	50
			206	00

		206	..
120	Portraits Grands Maîtres de Malthe Vigée	4.	25
50	Paysages Bullinger	2	25
40	Sujets Religieux	7	..
100	Sujets de la Révolution	5	..
25	Portraits	5	50
12	Rembrandt	2	50
100	Portraits	1	75
20	Portraits Grands	5	..
150	Ecole Italienne	7	..
100	Ecole Flamande	5	..
55	Vues de Naples	3	25
200	Divers	1	75
50	Sujets Religieux	2	50
110	Antiquités Monnaies Statues	1	..
1	Tischbein 12. livraisons	33	..
100	Vues divers Pays	1	25
20	Ecole Flamande Mieris	10	50
57	Fidenza têtes, Nègres	20	..
54	Vues d'Italie	1	50
12	Goltzius	5	..
25	Carricatures Anglaises	10	50
30	Ecole Italienne Michel Ange	5	..
20	Ecole Flamande Lairesse	2	..
		348	00

			348
100	Vues de France	Vignieres	2 75
37	Raphael	Vignieres	7 50
200	Pièces Diverses		4 25
39	Caricatures J. Boilly		2 50
20	Caricatures Revolution		10 ..
200	Divers		4 50
40	Sujets de Vierges	Vignieres	8 ..
20	Bon Genre		6 50
40	Caricatures Diverses		10 ..
4	C. Vernet Costume		4 75
20	Ecole Italienne, Espagnole		11 ..
20	Ecole Flamande		4 ..
59	Caricatures Politiques		4 ..
60	Paysages		3 75
120	Antiques, Bas-reliefs etc		1 75
50	Portraits		4 ..
25	Vaterlo	Vignieres	4 75
1	St Sebastien d'Andran av. s. la Pierre		11 50
5	François du Vave		4 ..
1	Vaches par Paul Potter		2 25
			459 75

Vendredi 5. Mai 1854. soir. 2ᵉ Vacation

    Nouveau Christ, Maxence   1 ..

100 Pendules   1 ..

80 Denon fragonard etc   16 50

200 Animaux etc etc   1 ..

145 Portraits Revolution   Vigneres 6 50

200 Sujets Religieux   1 25

50 Statues   3 50

63 Métamorphoses d'Ovide   8 50

50 Ornemens rocaille   Vigneres 16 50

65 Etrusques antiques   1 25

200 Divers   1 25

54 Nouveau Testament   1 75

100 Divers   6 50

2 200 Divers   Beutté 1 ..

100 Portraits   Vigneres 4 ..

200 Divers   2 75

——— 60 Sujets religieux oc Mᵈ Levaches à Hier 12.50

100 Portraits Voltaire et autres   3 25

200 Divers   3 50

Grilles, cahiers, Argonautes   5 ..

2 Jean Cousin   2 75

3 Cahiers Psyché et Cupidon, Cotes de France   4 25

    93 00

			93	
100	Ornemens		21	..
20	École Flamande		1	50
	Jardin Anglais Cahiers		1	25
100	Divers		3	75
R. 70	Statues	Rendu	1	50
18	Bellange, Charlet etc		2	..
26	Sujets Gracieux		18	50
82	Vignettes Moreau		6	..
30	Cochin etc	Vignières	8	..
20	École Flamande		5	..
100	Portraits	Vignières	5	..
20	École Italienne		4	50
16	Carle Vernet		3	75
1	Callot partie de Nancy		11	..
1	Dessin Mlle Des Carcieu Vignières		6	..
14	Vouvermans		3	75
31	Vandermeulen		21	50
50	École Française		7	..
20	École Italienne		4	25
65	Ornemens		5	..
66	Animaux Oudry etc		15	..
60	Vases		13	..
20	École Italienne		4	50
			265	75

		265	75
16	~~Huzlets~~ Sujets de la Passion	8	..
100	Portraits	2	75
1	Dessin Genre Boucher	4	..
50	Portraits	5	50
80	Boissieux	2	25
22	Dessins Vues du Caire	16	..
20	petits Maîtres Albert Durer	2	..
29	Dessins Vues du Caire	14	..
9	Dessins sur une f.le Sujets Religieux	14	50
78	Animaux Ridinger etc	17	..
45	Ornemens Varin Baudou, ~~Vignettes~~	1	..
27	Vues ornemens Architecture	3	..
	Teniers	14	50
13	Ecole Italienne Sujets Gracieux	12	50
10	Ecole Française	4	..
25	Rubens	10	50
8	Raphael Loges Mochetti	8	50
	Traits, Flaxman anatomie	3	25
26	liv. Galerie duchesse de Berry	10	..
1	Dessin de Snabaek	7	50
40	Israel Silvestre vues de Paris, Italie	5	..
25	J. Vernet Paysages	4	50
27	Boucher Pater	28	..
		464	00

		464	..
20	Portraits dont Jean Bart	3	25
2	Godame C. Vernet Vignero	6	50
75	Vues de France	1	50
100	Vues diverse	2	..
150	vues d'Espagne	2	..
20	Vues de Paris Vignero	12	..
31	pieces Historiques	8	50
23	pieces de la révolution Costumes	7	50
20	Boucher	4	25
20	LeBrun, Lesueur, Poussin Vignero	8	50
45	portraits Caracala, Marie Antoinette Vignero	13	..
125	LaBelle	4	25
75	Bois Allemands	3	50
40	Portraits	19	50
89	Caricature Pigale	9	50
1	Berghem la vache qui pisse	1	50
25	Portraits	3	..
4	Edelinck	7	..
35	Tiepolo etc	2	..
8	Ecole anglaise Strange	4	..
50	portraits Couleur	10	50
88	Caricature	4	..
30	Berghem	1	75
..		603	50

		603 ..
100	Paysages Lantara etc	2 ..
56	d'apres Berghem	8 50
25	Driolette Lepage Rendu	1 50
40	École Française	2 ..
20	Vanloo	4 50
4	Cadres Morghen 20 -	
106	Caricatures	2
7	Prudon	1 75
20	Wateau Pater	10 50
20	Lemoine Raoux Vignures	7 50
14	Boilly Fragonard	2 .. -
25	Caricatures Vignures	20 ..
40	Caricatures sur la Mort	20 ..
30	Sujets gracieux	6 ..
99	Boissieux	46 ..
50	Sujets religieux	4 25
50	Sujets religieux	3 50
207	Galerie de Florence	59
130	Piranesi	61
40	Vierges Mystiques	8
1	Volume enfans de Mella	22
50	Marc de Bye	1 25
1	Choiseul	14 ..
		910 25

```
                                                919 25
50   Karle Dujardin                              21 25
18   Ostade                                       2
 1   Rembrandt              Vignes                 6
 8   Rembrandt                                    10 50
14   Stoop                                         2 25
76   Swanevelds                                    7
10   Simon de Vlieger                             12
30   Hollar – Zeeman                               5 50
                                                 ─────────
                                                956 75
```

Samedi 6 Mai 1854 3e. Vacation

10	Lakyre, Loir, Vignon		1 50
20	Greuze		10
18	Lalive de Jully		19 50
12	Ecole de Fontainebleau		6
19	Ab. Bosse, Huret, Mellan, M. Lasne		3 25
16	Gillot		3
8	Francisque Millet		11
129	Seb. Leclerc		3
40	Seb. Leclerc		6
4	Loutherbourg	Vigneres	2 25
28	Denon xx	Vigneres	3 75
105	Ballons	Vignern	21 50
20	Sujets Bienheureux Paris		2 75
25	Sujets Historiques	Vigneres	2
50	Revolution		3 25
15	Divers	Vignern	2
1	Mad. Lebrun		3
15	Lebrun Dont avant l.l.	Vignern	11
2	Baigneuses	Vignern	3
100	Portraits Soliman	Vignern	6 50
	Choiseul et Poulain	Vignern	20
	Volume de Vases		7 50
			151 75

151 75

R. 34 Piranesi dans un Volume rentré   2 25

14 fac simile de Dessin Volum Vigneres   3 ..

100 Pendules   1 ..

Produit de la 3e Vacation   158 00

2e Vacation   956 75

1e Vacation   459 75

1574 50

Reclisé   2 lots à   1   2.
2 lots a   1/50   3.
1 Pirami   2 25
7 25   7 25

1567 25

lot de Mr. remis par Mr. Fontaine   6 50

1573 75

Lot à Mr Levachez revendu   12.50

4 Cadres Margher à Mr Petit   20.

6 50

1573 75

1612.75

DÉSIGNATION SOMMAIRE.

Ouvrages à figures, etc.

Galerie de Florence, gravée en 1845, dédiée à Nicolas Ier. 207 planches.

Cabinet Choiseul.

Iconographie Mythologique et Monumentale, par Pecheux. 4 livraisons de 6 feuilles.

Stella, les Jeux et Plaisirs de l'enfance. Superbe exemplaire relié en veau.

Tischbein, Recueil de Vases du cabinet Hamilton. 12 livraisons, etc., etc.

Estampes anciennes.

ÉCOLE FRANÇAISE, par et d'après G. Audran, Boilly, Boissieux, Boucher, Callot, Gillot, Huet eaux-fortes et sanguine, de la Live de Jully avec belles marges; Lebrun (plafonds d'après), Francisque Millet, Mellan, Oudry, Pater, Poussin, Prudhon, Watteau, Carle Vernet costumes et chevaux, sujets gracieux par divers maîtres.

ÉCOLE FLAMANDE et autres, Albert Durer, Berghem dont la Vache qui pisse, Marc de Bye, Karle Dujardin, Goltzius, P. Potter, Rembrandt, Rubens, Stoop, H. Swanevelt, Téniers, Vandermeulen, Waterloo tirage d'Ottens, Wouvermans, dont plusieurs avant la lettre.

ÉCOLE ITALIENNE, d'après Carrache, Raphaël (fac simile d'après), et autres, Londonio, Piranesi, etc., etc.

PORTRAITS en grand nombre, Ficquet, papier de Chine.

CARICATURES anciennes et modernes, en grand nombre.

4

COSTUMES et Scènes historiques de la Révolution.

VUES de France, d'Espagne, d'Italie, Rome, etc.

BOIS : Ancien-Testament, l'Art militaire.

Sujets religieux, Vierges, etc.

Mort de Mongomery et pendant, lettre grise.

ANTIQUES Camées, Bas-Reliefs, Statues et bustes, par Baudet, Mellan, Perrier, etc.

VIGNETTES par Moreau, pour Diderot, avec et avant la lettre.

AEROSTATS, Ballons, etc., et Portraits d'Aéronautes, provenant du professeur Robertson.

ORNEMENTS anciens, Armoiries, dont un grand nombre pour la marqueterie, Modèles de pendules, en grand nombre.

TRAITS de Flaxman et autres.

ANIMAUX divers, Bétail, etc., etc.

Dessins.

Grand nombre de Croquis, Calques, Aquarelles, Gouaches, etc. Vues de France et autres lieux, par Bacler d'Albe? Costumes allemands, espagnols, français, polonais, russes ; Vues du Caire, Architecture et Paysages à la sanguine, grande collection de Tournois ; Sujets gracieux et autres, par Boucher, Grandmann, Hiller, Larue, Legros ; le Portrait de Mlle des Garcins par Monnet ; Saint-Aubin, Smith, Sweback, etc.; quelques miniatures.

Un grand nombre de Dessins originaux d'ornements en couleur, par Pecheux, etc., etc., etc.; et nombre d'objets que le temps n'a pas encore permis de voir.

4049 — Moulde et Renou, Imprimeurs de la Compagnie des Commissaires-Priseurs, rue de Rivoli, 114.

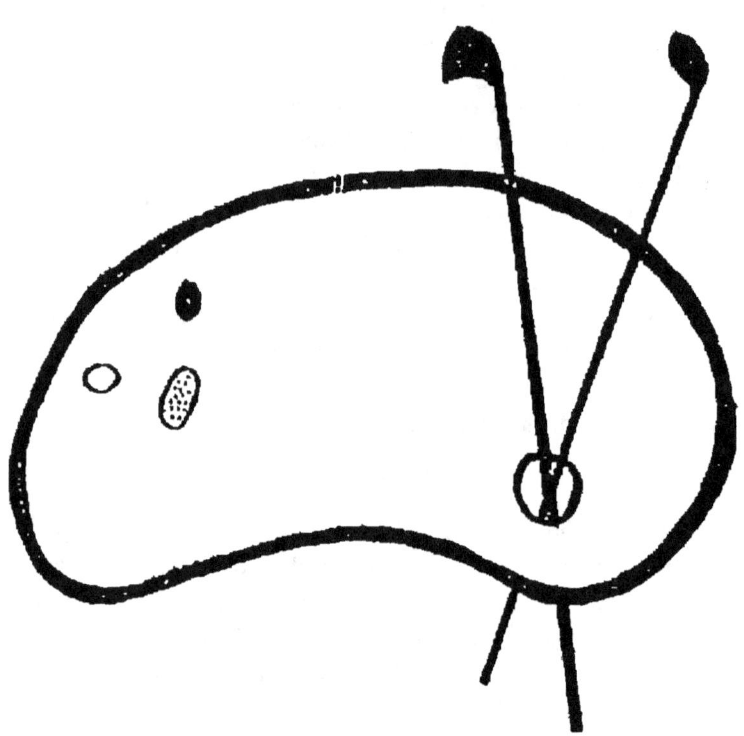

ORIGINAL EN COULEUR
NF Z 43-120-8